Sophokles

Philoctet - ein Schauspiel mit Gesang

Sophokles

Philoctet - ein Schauspiel mit Gesang

ISBN/EAN: 9783743645752

Hergestellt in Europa, USA, Kanada, Australien, Japan

Cover: Foto ©Thomas Meinert / pixelio.de

Weitere Bücher finden Sie auf **www.hansebooks.com**

Philoctet.

Ein Schauspiel mit Gesang

nach dem Griechischen des Sophocles.

Königsberg,
bey Friedrich Nicolovius.
1795.

An

die Frau General-Chirurgus

Gerlach

geb. Hoyer

zu Königsberg in Preussen.

Indem ich, würdige Frau, Ihnen dieß Buch gebe, gebe ich Ihrem Herzen sein Eigenthum. Es gehört Ihnen, als Werk der schönsten und rührendsten Kunst, und Ihnen, als ein Denkmal meiner nie erlöschenden Dankbarkeit für alles, was ich, und was die Meinigen Ihrer so einzigen Freundschaft schuldig sind.

Ich weiß nicht, ob der grosse Haufen der Zuschauer oder der Leser noch itzt dem einfachen Sophocles Dank wissen werde, daß er keine Theaterkünste suchte, daß er sich begnügte tiefe Rührung, scharfe Characterzeichnung, und sanften gefälligen Dialog aus einem so einfachen Stoffe zu ziehen. Ich weiß nicht, ob die Humanisten es mir vergeben werden, daß ich fünf

Aufzüge in zwey gedrängt habe, daß ich so oft von meinem Original ein wenig abgewichen bin, und dann daß ichs nicht erreichen konnte und vielleicht oft misverstand.

Aber das weiß ich gewiß, daß so wie die Freude I h n e n das schöne Drama des Sophocles zu überreichen bey meiner Arbeit mich ermunterte, so S i e gewiß jede Schönheit fühlen, und jeden meiner Fehler mir gütig nachsehen werden. Und das wissen S i e gewiß, daß

Sie, Ihr verehrungswürdiger Gemal, Ihre liebe Tochter, unmöglich inniger geachtet, und unmöglich mit wärmerer Freundschaft umfaßt werden können, als von mir und den Meinigen.

Den 16ten December 1794.

T. Schmalz.

Philoctetes.

Personen.

Ulysses, König von Ithaca.

Neoptolem, Sohn des Achilles.

Philoctetes.

Ein Gefährter des Ulysses, als ein fremder Kaufmann verkleidet.

Der Geist des Hercules.

Ein Chor der Begleiter Neoptolems.

Das Stück spielt gegen das Ende des Trojanischen Krieges.

Erste Handlung.

(Die Scene am Ufer der Insul Lemnos in einem Walde, im Hintergrunde eine etwas versteckte Höhle an einer Anhöhe).

I.

Ulysses, Neoptolem, der Chor.

Ulysses.

Hier sind wir nun am Ufer des Meerumfloßnen Lemnos, in dessen Einöde nie der Fuß eines Menschen wandelte. Hier war es, Sohn des griechischen Helden, wo ich ehemals Philoctetes von Melien aussetzte. Die Fürsten Griechenlandes wollten es, wegen der unheilbaren Wunde an seinem

Fuſſe. Wir konnten den Göttern kein Trankopfer, kein Rauchopfer in Ruhe bringen; so erfüllte stets das Geschrey seiner Schmerzen, sein lautes Jammern das ganze Lager. Doch wozu diese Erzählung? Wir haben keine Zeit für lange Reden. Bemerkte er mich hier, so wäre die List vereitelt, mit der ich ihn zu fangen hoffe. Deine Pflicht ist es, meine Unternehmung zu unterstützen. Vor allen spähe seine Höhle aus. Sie hat zwey Oeffnungen; so daß sie im Winter vor dem Sturme sichert, und doch im Sommer kühlende Lüfte sie durchwehn, und den Schlaf einladen. Nicht weit von ihr ein wenig links herab sprudelt eine klare Quelle, wenn sie anders nicht versiegt ist. Geh, und berichte mir, ob er dort noch wohnt, oder anderswo. Dann werde ich dir den ganzen Plan entdecken, und wir streben mit vereinter Kraft zum Ziele.

Neoptolem.

Wir werden nicht weit suchen dürfen. Mich deucht, ich sehe eine solche Höhle dort.

Ulysses, (ängstlich)

Wo? zeige mir. Hier unten, oder höher hin?

Neoptolem (der zur Höhle hingeht),

Hier oben; doch finde ich keinen Pfad zu ihr.

Ulysses.

Sieh doch, ob er etwa irgendwo ruht?

Neoptolem.

Die Höhle scheint mir öde und leer.

Ulysses.

Siehst du gar keine Spur, ob sie bewohnt sey?

Neoptolem.

Auf dem Boden liegt Laub, wie ein Lager.

Ulysses.

Sonst ist sie leer? Siehst du sonst nichts?

Neoptolem.

Hier noch ein Becher, den ein elender Schnitzler gepfuscht hat. — Auch noch ein Topf.

Ulysses.

Sein Hausgeräthe! Es ist sein ganzer Schatz.

Neoptolem.

Ha, dort troknen Tücher an der Sonne voll Bluts und Eiter.

Ulysses.

Er wohnt gewiß noch da, und ist dann wohl nicht fern. Wie sollte er sich weit entfernen können mit der giftvollen Wunde, die seinen Fuß so lange naget! Vielleicht sucht er sich Nahrung, oder ein schmerzstillendes Kraut, das er entdekt haben mag. Sende doch einen unsrer Gefährten, ihn auszuspähen, daß er mich nicht überfalle. Mich wünscht er vor allen andern Griechen zu ergreiffen.

Neoptolem (winkt einem vom Chor zu gehn).

Der geht und wacht auf ihn. Nun sage, was du mir entdecken wolltest.

Ulysses.

Sohn des Achills, zeige dich itzt der Unternehmung würdig, zu welcher du mich begleitest. Zeige nicht bloß Tapferkeit und Muth), und sey bereit, wenn du den geheimen Plan vernimst, mir mit allen Kräften beyzustehn.

Neoptolem.

Und was verlangst du denn von mir?

Ulysses.

Daß du den Philoctetes täuschest. Wenn er dich fragt, woher und wer du seyst; so sag die Wahrheit: Achills Sohn — dann sprich; Du gehest zurück nach Hause, habest das Heer der Griechen vor Troja verlassen. Stell dich äusserst wider sie erbittert, daß sie erst mit vielen Bitten dich gerufen, weil Troja nur durch dich zerstöhrt werden könne, wie das Oracul gesagt, und gleichwohl die Rüstung deines Vaters, die du als Erbtheil verlangt, dir geweigert und dem Ulysses gegeben hätten. Dann rede gegen mich so viel Böses, als du kannst. Mich soll nichts beleidigen. Aber alles, was du hierbey unterlässest kann das verbündete

Heer in grosses Unglück bringen. Haben wir seinen Bogen nicht, so können wir Troja nicht erobern. Und sieh! du kannst dich mit Sicherheit zum Philoctetes nahen; Ich nicht. Du kamst nach Troja ohne irgend Einem der Fürsten mit Eiden verpflichtet oder unter seiner Obergewalt zu seyn, und kamst nicht mit dem ersten Zuge. Das alles ist mein Fall aber. Bemerkte er also mich, so wäre ich verlohren, so lange er den Bogen hat, und du mit mir, als mein Gefährter. Hier gilt es also List, ihm diesen unüberwindlichen Bogen zu nehmen. Ich kenne zwar dein Herz; du kannst dich nicht verstellen, kannst niemand täuschen. Aber denk an die Ehre des Sieges. Also auf! Entschliesse dich! Nur heute einen Betrug, und dann ewige Ehrlichkeit! Nur auf Einen Augenblick leihe dich mir zu einer kleinen Lüge, und sey dann dein ganzes Leben hindurch der frömste und aufrichtigste Mann.

Neoptolem.

Ulyſſes, ich habe deinen Antrag mit Unwillen vernommen, und kann ihn nicht vollziehen. Liſt und Betrug iſt meine Art nicht, war meines Vaters Art nicht, wie jeder ſagen muß. Ich bin bereit ihn mit Gewalt zu zwingen, zu — was du willſt. Nur nicht durch Verrätherey. Der Eine Mann mit ſ e i n e m Fuße wird denn doch zwey muthige ſtarke Männer, wie wir, nicht beſiegen. Zwar bin ich dir zum Gehülfen geordnet. Aber nie werde ich jemand betrügen. Lieber edel ſeines Zweks verfehlt, als ihn unedel erhalten.

Ulyſſes.

Hm! Edler Sohn des Helden, auch ich war einſt jung, wie du, damals wollte ich auch nie die Zunge gebrauchen, ſondern immer die Fauſt. Itzt hat mich die Erfahrung belehrt, daß die Zunge alles in der Welt vermag, und dem Menſchen mehr, als alle ſeine Thaten hilft.

Neoptolem.

Was verlangst du aber anders, als eine Lüge?

Ulysses.

Ich bitte dich nur, den Philoctetes mit List zu fangen.

Neoptolem.

Warum denn nicht lieber durch Ueberredung, als Betrug?

Ulysses.

Ueberredung vermag hier so wenig als Gewalt.

Neoptolem.

Sind denn sein Muth und seine Stärke so übergroß?

Ulysses.

Seine fürchterlichen Pfeile, weißt du, verfehlen nie ihr Ziel.

Neoptolem.

Dann ist es schon gefährlich sich ihm nur zu nähern.

Ulysses.

O allerdings, wenn man ihn nicht mit List fängt: Wie ich sagte.

Neoptolem.

Aber hältst du Lügen nicht für schändlich?

Ulysses.

Gewiß nicht, wo Lügen allein uns retten kann.

Neoptolem.

Mit welcher Stirn kann ein Mann so reden!

Ulysses.

Was für Bedenklichkeit, wo es auf solche Vortheile ankömmt!

Neoptolem.

Was liegt denn mir daran, ob Philoctet nach Troja komme?

Ulysses.

Seine Pfeile allein können Troja nach dem Oracul erobern.

Neoptolem.

Wie? sagtet ihr nicht immer, das Oracul habe mich zum Eroberer Trojas bestimmt?

Ulysses.

Ja, doch nicht ohne diese Pfeile, so wenig wie sie ohne dich.

Neoptolem (halb für sich: wankend).

So müßten dann doch diese Pfeile wohl geraubt werden!

Ulysses.

O thu es, und deiner wartet zweyfacher Ruhm —

Neoptolem.

Nenne ihn und bestimme mich.

Ulysses.

Der Ruhm der Tapferkeit, der Ruhm der Klugheit —

Neoptolem.

Es sey! Hinunter mein Gewissen!

Ulysses.

Du erinnerst dich doch alles, was ich dir rieth?

Neoptolem.

Ich habe es versprochen. Das ist genug.

Ulysses.

So bleib und erwarte ihn. Ich gehe, damit er mich nicht bemerke. Diesen Mann hier nehme ich mit an das Schiff, und, wenn Ihr mir zu lange säumt, so schicke ich ihn, als ob er ein reisender Kauffahrer sey. So kann er unentdekt mit mir reden, und du wirst seine Winke verstehen und benutzen. Ich gehe und überlasse dir alles. Leite uns Mercur, der Gott der List, welcher uns herführte, und Pallas meine Beschützerin!

(Ulysses und ein Mann vom Chor gehen ab).

―――――――

2.

Neoptolem, der Chor.

Einer vom Chor.

Und was soll ich Fremdling, sagen?
Was verhehlen? Herr, befiehl!
Denn in wessen Hand das Scepter,
Das ihm Jupiter vertraute
Mit der Majestät der Ahnen
Und dem Glanz des Thrones strahlt,
Dessen Rath und Weisheit leuchtet
Seinen treuen Dienern vor.
Drum befiehl mir, wie ich dienen
Dir, mein Fürst, und helfen soll.

Neoptolem.

Willst du an des Meeres Ufer
Dort des Armen Höhle sehn? —
Gehe, und durchforsche sie.
Aber wenn er wieder kehret
Von der Jagd, und seinem Lager

Sich mit keinen Schrecken naht:
Eile denn mir beyzustehen,
Eil' auch du in meinen Schutz.

Der Mann vom Chor.
Immer wach' ich dir zu dienen,
Wacht mein Aug' auf deinen Wink.
Zeige mir des Helden Grotte,
Wo der arme Dulder weilt.
Daß er nicht mich überrasche —
Oder wäre keine Höhle
Und der Himmel nur sein Dach.

Neoptolem.
Siehst du nicht sein Felsenlager,
Jene zwiefach offne Grotte?

Der Mann vom Chor.
Und wo ist der Arme selbst?

Neoptolem.
Ach, ein kärglich Mahl zu suchen
Kriecht vielleicht in unsrer Nähe

Mühevoll der Held umher.
Mit dem schnellen Pfeil' erleget
Selten nur, so spricht die Sage,
Er ein Wild des Waldes sich.
In des Unglücks höchster Fülle
Bringet nimmer seinen Schmerzen
Lindrung oder Trost ein Arzt.

Chor.

O des Jammers, o des Armen!
Der von Menschen=Hülfe fern,
Fern von jedes Freundes Auge,
Das sein Unglück mit ihm weinte,
Einsam mit dem grimmen Schmerzen
Und dem herbsten Mangel ist.
Welch ein Schicksal! Ach, wie träget,
Ach, wie duldet er es aus.
O der Menschen, deren Leben
Nicht in stiller Ruhe fließt!

Er ein König, dessen Ahnen
Keines andern Glanze weichen,

Liegt in namenlosem Mangel
Von den Menschen weit getrennt.
Unter dem Gewild des Waldes
Quält ihn Hunger, quält ihn Schmerz.
Ungetheilet nagt der Kummer
Des verlaßnen Helden Herz.
Seines Jammers Klag' erwiedert
Nur — doch ach! erwiedert immer —
Nur der dumpfe Wiederhall!

Neoptolem.

Sey dieß Schicksal Euch nicht Wunder:
Denn es war der Rath der Götter.
Daß er fern von aller Hülfe
Hier sich viele Jahre quälte, —
War der Götter weiser Schluß.
Daß nicht vor dem Schreckens-Bogen,
Den er von dem Gotte erbte
Troja's Mauer früher falle,
Als das Schicksal ihr bestimmt.

(Ein fernes Rufen hinter der Bühne).

B

Einer vom Chor.
Horch!

Neoptolem.
Was ist?

Einer vom Chor.
Ich höre Klagen
Eines Leidenden von fern

Neoptolem.
O! woher vernahmst du sie?

Einer vom Chor.
Ja, ich höre seine Klagen,
Wie das Aechzen eines Mannes,
Der sich mühvoll weiter schleppt —
Ja, es ist des Dulders Stimme
Immer tönet sie uns näher.
Wandle, Fürst —

Neoptolem.
Was soll ich wandeln?

Einer vom Chor.
Wandle gegen ihn dein Herz! —

Chor.

Ach! zu seinem Lager kehret
Er nicht mit der sanften Flöte,
Wie von Lämmern rings umhüpfet
Froh der Hirt zum Dorfe kehrt.
Stieß sein Fuß da an den Felsen? — (Noch
ein Rufen näher).
Ihm entpreßt die Wuth des Schmerzens —
Fern durchdringendes Geschrey! — (Noch
ein näheres Rufen).
Nein! er sah dort am Erstade
Dieser Wüste unsre Wimpel!
Seine Stimme hallet froh!

3.

Philoctet, die Vorigen.

Philoctet.

O Ihr Fremdlinge! Wer seyd Ihr, redet, daß Ihr an dieser wüsten Insul ohne Hafen landet? Aus welchem Lande, von welchem Volke seyd

Ihr? O ihr tragt die Tracht der lieben Griechen. Aber ich möchte auch eure Sprache hören. ———
Flieht nicht vor meinem wilden Anblick! Erschrecket nicht. Erbarmet euch eines unglücklichen Mannes, der hier einsam ist, ohne Gefährten, von allen Menschen verlassen. Redet, wenn ihr Freunde seyd — Redet, antwortet mir. Das darf ich ja, als Mensch von euch fordern, wie ihr von mir.

Neoptolem.

So wisse denn, Fremdling, zuerst was du wünschest, wir sind Griechen.

Philoctet.

O geliebte Sprache! Wie sanft tönt sie mir, der sie so lange nicht hörte. Was führt dich denn hierher? Was suchest du hier? Welche widrige — aber, o nein! — welcher gesegnete Wind brachte dich an diese Insul? Rede, sage mir, wer bist du?

Neoptolem.

Das Meerumfloßne Scyros ist mein Vaterland. Ich reise nach Hause zurück. Ich bin Neoptolem, der Sohn des Achilles. Da weißt du alles.

Philoctet.

Du der Sohn meines Freundes? Du aus einem, mir so lieben Lande? Du der Zögling des alten Lycomedes? Wie kömmt es, daß du hier landest? Woher kömmst du?

Neoptolem.

Lieber Freund, ich sagte von Troja nach Hause.

Philoctet.

Wie? Du warst doch nicht unter denen, die mit mir nach Troja fuhren.

Neoptolem.

Warst du denn auch bey diesem Zuge?

Philoctet.

Du weißt also nicht mit wem du redest? —

Neoptolem.

Wie kann ich, da ich dich niemals sah?

Philoctet.

Weißt meinen Namen, meine Geschichte, die Geschichte meines Unglücks nicht?

Neoptolem.

Von dem allen weiß ich kein Wort.

Philoctet.

O ich bin sehr unglücklich und von den Göttern gehasset, nicht einmal ein Gerücht von mir ist nach Griechenland gekommen, mein Elend hier zu verkündigen. Die Bösewichter, die mich aussetzten, lachen in die Faust, und meine Krankheit wächst mit jedem Tage zu schrecklichern Schmerzen. Sohn des Achilles, ich bin — du hast gewiß von mir gehört, daß ich die Pfeile des Hercules habe — ich bin Philoctetes, des Pöas Sohn. Die Atriden und Ulysses von Ithaca haben mich verräthrisch hier ausgesetzt. Eine quaalvolle Krankheit verzehrt mich, eine Wunde, welche ich von jener chrysäischen Schlange erhielt, die so viele Menschen tödtete. Mit dieser Wunde haben sie mich hier ausgesetzt, und mich verlassen: Als wir von Chryse her hier landeten, und sie sahen, daß ich müde von der Reise an dem Felsen dieser Insul eingeschlafen war, fuhren sie weg und ließen mich allein. Einige Tücher nur und etwas Speise hatten sie mir Elenden zurückgelassen. O daß sie an meiner Stelle wären! Wie, glaubst du, war mein Erwachen, als ich vom Schlaf aufstand und sie fort waren? Alle Schiffe, die mit mir gekommen waren, sahe ich fern hinwegsegeln, keinen Menschen um mich, keinen mir beyzustehn in der Mattigkeit von meinem Schmerz. Ich sah um mich her, und sahe allenthalben nur Elend und Schmerz, aber die auch allenthalben. So ist mir ein Tag nach dem andern hingegangen. Ich war allein in meiner Höhle, und mußte mir selbst helfen. Nahrung schaffte mir mein Bogen. Ich schoß wilde Vögel; aber hatte ich sie oder ein anders Wild erlegt: so mußte ich mit meinem kranken Fuße mich hinschleppen sie zu suchen. Und da mir im Winter das Wasser fror, mußte ich auch Holz fällen, und wie mir das mit saurer Mühe gelungen war, hatte ich kein Feuer. Lange schlug ich Kiesel an Kiesel bis der verborgne Funken hervorsprang, der mein Leben bisher erhalten hat. Dann als ich erst Obdach und Feuer hatte, fand ich das übrige leichter; nur meine Gesundheit nicht. — Und diese Insul? — Kein Schiffer naht sich ihr freywillig. Sie hat keinen Hafen. Niemanden lockt ein Gewinn oder ein Freund hierher. Wer sie kennt, kömmt nicht hin. Wenn ja einmal, wie es denn in der langen Zeit wohl geschehen ist, jemand hier landete: so erbarmten sie sich meiner — in Worten, ließen mir auch wohl etwas Speise oder ein Tuch. Aber alle schlugen mir es ab, mich mit sich zu nehmen. So sind denn zehn Jahre vorüber gegangen. Mit Kummer und Elend nähre ich meine Krankheit. Das haben Ulysses und die Atriden

an mir gethan. Daß die Götter des Olympus ih=
nen vergälten!

Chor.

O unser ganzes Mitleid dir!
Wer zollte dir es nicht?

Neoptolem.

Ich sehe die Wahrheit deiner Erzählung.
Die Atriden und Ulysses haben auch mich so unge=
recht behandelt.

Philoctet.

Du hast auch über sie Beschwerden, und bist
ihnen gram wie ich?

Neoptolem.

Wenn meine Faust sich einst rächt, so soll My=
cene und Sparta erfahren, daß auch Scyros Krie=
ger zeugt.

Philoctet.

Und mit welchem Frevel haben sie denn dei=
nen Zorn gereizt?

Neoptolem.

Ich will dir alles sagen, so schwer es auch ist, Beleidigungen, die man erlitt, zu erzählen. Nachdem das Schicksal meinen Vater dahin genommen —

Philoctet.

Wie? Rede nicht weiter — sage mir erst: Ist Achill todt.

Neoptolem.

Er ist todt, nicht von der Hand eines Menschen, sondern, wie man sagt, von den Pfeilen Apollens getroffen.

Philoctet.

O der Todte war der erhabenen Hand werth, von der er fiel! Lieber Sohn, ich weiß nicht, ob ich erst dein Unglück hören, oder den Tod deines edlen Vaters beweinen soll — —

Neoptolem.

Hast du, Unglücklicher, nicht eignes Elend genug, ehe denn über andrer Unglück zu weinen?

Philoctet.

Wohl sagst du wahr — Sage mir die Unbill de der Atriden, über welche du klagest.

Neoptolem.

Ulysses und der Erzieher meines Vaters kommen in bunten Schiffen zu mir. Sie sagten, und ich weiß nicht, ob das Wahrheit oder erdichtet war, es sey vom Schicksal bestimmt, daß niemand als ich Troja erobern könne. So sagten sie, und ich eilte mit ihnen zu gehn. Vor allen trieb mich der Wunsch, meinen Vater noch im Tode zu sehen, den ich in seinem Leben nicht gekannt hatte. Auch reitzte mich der Ruhm als Erobrer vor Troja zu glänzen. Schon am zweyten Tage unsrer Fahrt brachte uns ein glücklicher Wind an das Vorgebürge Sigäum. Das ganze Heer der Griechen drängte sich um mich, als ich ans Land stieg. Sie begrüßten mich und schwuren den verstorbnen Achill wieder zu sehn. Den fand ich todt und beweinte ihn. Dann gieng zu den beyden Königen, um meines Vaters Erbe, vor allen seine Waffen, zu fordern. Aber die Atriden gaben mir übermüthig eine Antwort, die mich aufbrachte: „Du magst das Erbe deines Vaters ganz nehmen, Neoptolem, sagten sie, nur seine Waffen hat schon ein andrer, Ulysses". Mit Thränen des Zorns und des Schmerzens sprang ich auf und sagte: „Wie durftet Ihr es wagen, Achillens Waffen, mein Eigenthum ohne meinen Willen einem andern zu geben"? Ulysses, der neben mir stand, antwortete: „Junger Mann, die Fürsten hatten Recht mir deines Vaters Waffen zu geben, denn ich war es, der sie und seine Leiche rettete". Von Zorn entbrannt fluchte ich, drohte ich, wenn man mir die Waffen nicht ließe. Er, der sonst nie in Zorn geräth, wurde doch durch meine Reden aufgebracht und sagte: „du zogst nicht mit uns zum Kriege, bliebst pflichtwidrig zu Hause. Itzt willst du drohen? Nun, ich sage dir, du sollst diese Waffen nie besitzen". Ich hörte das, war beschimpft und gieng fort. So fahre ich nach Hause, von dem Bösewicht, gleich seinem Großvater, meiner Waffen beraubt. Doch ich tadle nicht ihn so sehr, wie die Häupter des Heeres. Staaten und Heere bilden sich nach ihrem Vorgesetzten. Genug aber. Jeder Feind der Atriden ist mein Freund.

Chor.

Du mit Waldgebürg' umkränzte
Erde, Allernährerin,
Du, die Jupiter gebohren,
Du die an dem goldnen Strande
Paktols thronet, Königin!

Da schon, als der Sohn Achillens
Vor den Ungerechten stand,
Als des edlen Vaters Waffen
Sie dem edlen Sohne raubten,
Flehten wir um Rache dich.

Sel'ge Göttin, deren Wagen
Stolz die gelben Löwen ziehn,

Als sie da die Götter Rüstung
Des Laertes Sohne gaben,
Flehten wir um Rache dich.

Philoctet.

Ihr werdet, glaube ich, Grund haben, meine Freunde, erzürnt zu seyn und Euch nach Hause zurück zu begeben. Ich stimme Euch bey, daß Ulysses und die Atriden lauter Unheil stiften. Ich weiß es, Ulysses ist zu allem fähig. Seine Zunge, seine List hat nie gute Zwecke. Ich wundre mich über das alles nicht, aber das begreife ich nicht, wie der ältre Ajax das gestatten konnte.

Neoptolem.

Er war schon todt. Hätte er gelebt, man hätte mich nicht so beraubt.

Philoctet.

Wie? Auch Ajax ist todt?

Neoptolem.

Leider, lebt er nicht mehr.

Philoctet.

O! und Ulysses stirbt nicht? Der Sohn des Laertes stirbt nicht? der verruchte, schändliche Enkel des Sysiphus stirbt nicht? Die sterben nicht, die nie hätten leben sollen.

Neoptolem.

Nein, sie leben, und glaube mir, sie sind als len andern Griechen geehrt und geachtet.

Philoctet.

Was macht denn mein treuer, alter Freund, der edle Nestor, der ihrer Bosheit oft durch seine Klugheit wehrte?

Neoptolem.

Es geht ihm traurig. Er hat seinen Sohn verlohren. Antilochus ist todt.

Philoctet.

Ach, du hast mir den Tod zweyer Helden verkündigt, die ich vor allen betraure. Was soll ich sagen? Diese Edlen sind todt, und Ulysses lebt, der statt ihrer hätte sterben sollen.

Neoptolem.

Nur mit seiner Weisheit kann Nestor noch im Kriege ihnen nützen. Aber auch sein weiser Rath wird oft gehindert.

Philoctet.

Wo war denn Patroclus, der geliebteste Freund deines Vaters?

Neoptolem.

Auch der war schon todt. Mit einem Worte, der Krieg rafft immer nur die guten Menschen weg, den schlechten selten.

Philoctet.

Du hast wohl Recht. So will ich denn nach einem Burschen fragen, ganz nichtswürdig, aber ein rüstiger Schwätzer, ob der noch lebt, was der noch treibt.

Neoptolem.

Du meinst gewiß den Ulysses.

Philoctet.

Nicht den. Der Bursche hieß Therſites, den kein Verbot der Fürſten je das Maul ſtopfte. Lebt der? Weißt du nicht?

Neoptolem.

Ich ſah ihn zwar nicht, aber ich hörte, daß er noch lebe.

Philoctet.

Dacht ichs doch. Solch ein Nichtswürdiger ſtirbt nicht. O nein, die Götter bewahren ihn gar ſorgfältig. Es iſt, als ob ſie Böſewichter voll Tücke ſtets vom Tode zurückriefen. Nur edle gute Menſchen ſchicken ſie in die Unterwelt. Wer begreift das? Wer kann die Götter ehren, wenn ſie nicht einmal gerecht ſind?

Neoptolem.

Lieber Philoctet, ich werde hinfort mich hüten, je Troja oder die Atriden wieder zu ſehn. Ich bin da nicht gern, wo der böse Mensch immer über den guten siegt, wo Tyranney herrscht und der Redliche unterdrückt wird. Ich hasse jene Menschen. Auf meine felsigte Insul, auf mein Scyros, will ich mich einschränken und mein Leben genießen. Ich gehe an mein Schiff zurück. Lebe wohl, Philoctet, lebe tausendmal wohl. Mögen die Götter deine Wünsche erfüllen und deine Krankheit heilen. Wir gehn und eilen zum Ziel unsrer Reise, so bald die Götter uns günstige Winde verleihn.

Philoctet.

Ihr fahrt fort? —

Neoptolem.

Die Zeit ruft uns, und es ist besser ihrem Wink zu folgen, als noch länger zu zögern.

Philoctet.

O dann, Geliebter, beschwöre ich dich! bey deinem Vater, bey deiner Mutter, bey allem, was von dem Deinigen dir theuer ist, bitte ich dich, laß mich nicht einsam und verlassen hier in diesem Jammer, der mich rings umgiebt, den du gehört hast, den du siehst. Wirf mich in irgend einen Winkel deines Schiffs. O ich weiß es wohl, daß es sehr beschwerlich ist, meine Last mit sich zu führen. Aber thu es. Ein edler Mann liebt ja die Ehre und flieht die Schande. Wär' es dir nicht unrühmlich mich hier so zu lassen? Der Lohn des schönsten Ruhmes wartet dein, wenn du mich mit nähmest, wenn du mich heimbrächtest in die Gefilde am Oeta. Es ist nur eine Tagereise von deinem Wege. Entschliesse dich. Gieb mir irgend einen Platz, im Raum des Schiffes, im Vordertheil, im Hintertheil, wo ich Euch am wenigsten beschwerlich falle. Sage mir es zu, Geliebter, versprich mir es. Bey Jupiter dem Schützer der Flehenden, höre mich! Obwohl schmerzensvoll und schwach und lahm falle ich hier zu deinen Füssen. Verlaß mich nicht in dieser Einöde, wo keines Menschen Spuren sind. Nimm mich mit in deine Heimath, in dein Vaterland, oder bringe mich an die Küste von Euböa. Von da ist es nicht weit bis zum Oeta, bis Trachinium, und o! bis zu den geliebten Ufern des Spercheus. Gieb mich meinem Vater wieder — ach, der vielleicht lange schon todt ist. Denn alle die an diese Insul kamen, bat ich ihm zu sagen, daß er selbst mit einem Schiffe mich abhohlen möchte. Aber er ist gestorben, oder die ich bat, sind in ihre Heimath gefahren, und haben mein vergessen. Sey du mir mehr als Bote. Sey mein Retter. Erbarme dich mein. O du siehst ja, wie uns Menschen Gefahren rings umgeben, wie unser Schicksal sich wenden, wie in Einem Augenblick Unglück oder Glück uns treffen kann. Der Glückliche sollte doch des Jammers der Elenden nicht vergessen, und denken wie schnell auch seine guten Tage verschwinden können.

Chor.

O erbarme, Herr, dich sein!
Seiner Leiden, die er klagte,
Seines Jammers schweren Last.

Wallt' um dich der Götter Schutz!
Sieh! dieß thaten die Atriden.
Stöhre deiner Feinde Werk.

Führ ihn in sein Vaterland
Auf dem leichten Schiff' hinüber,
Und die Götter segnen dich.

Neoptolem.

Hütet Euch, Freunde, daß ihr nicht itzt bloß menschenfreundlich scheinet, und dann, wenn die Gegenwart der Krankheit Euch zur Last wird, anders handelt, als itzt redet.

Einer vom Chor.

Nie. Fürchte das nicht. Nie werden wir diesen Vorwurf verdienen.

Neoptolem.

So wäre es mir Schande der Noth dieses Freundes weniger willig meine Hand zu bieten. Seyd Ihrs zufrieden, so komme er. Wir gehen sogleich. Mein Schiff soll ihn führen, ich will seine Bitte erfüllen. Mögen die Götter uns glücklich aus dieser Insul zum Ziel unsrer Reise führen.

Philoctet.

O der lange ersehnte Tag endlich! Besser aller Menschen, brave Seemänner, wie soll ich meinen Dank Euch zeigen? Komm noch einmal mit mir, Freund, die Wohnung meines Grames zu grüssen, wo ich so lange lebte. Sieh selbst, wie ich lebte, wie ich duldete. Ausser mir, glaube ich, erträgt niemand auch nur den Anblick. Mich lehrte die Noth sogar Zufriedenheit.

Einer vom Chor.

Verzieht. Seht erst, was das ist. Dort kommen zwey Männer. Einer ist von unserm Schifse, der andre ist ein Fremder. Ehe wir in Philoctetes Grotte gehn, laß uns hören, wer sie seyen.

4.

Ein Fremder, Ein anderer Gefährter Neoptolems, die Vorigen.

Fremder.

Neoptolem, ich habe diesen Mann, der nebst andern auf deinem Schiffe Wache hielt, gebeten, mich zu dir zu führen, da uns das Schicksal so unerwartet an dieser Küste zusammenführt. Ich fahre mit wenigen Begleitern in meine Heimath, das weinberühmte Peparcth; und als ich von deinen Schiffern vernahm, daß sie dich begleiteten, wollte ich nicht vorüberseegeln, ohne meinen Gönner zu sehen, zu welchem mein Glück mich geführt hat. Vielleicht weißt du noch nichts von den Anschlägen der Griechen gegen dich, die sie im Begriff sind auszuführen.

Neoptolem.

Bey meiner Ehre, wenn du wahr redest, so sey meines wärmsten Dankes versichert. So sag mir denn, was haben die Griechen für Absichten wider mich?

Fremder.

Der alte Phoenix und die Theseiden sind ausgefahren dich zu verfolgen.

Neoptolem.

Mich etwa mit Ueberredung oder gar mit Gewalt zurückzubringen?

Fremder.

Das weiß ich nicht. Ich weiß nur was ich sage.

Neoptolem.

Ist das auf Befehl der Atriden? Oder wollen sie für sich ausfahren, um sich etwa in Gunst zu setzen?

Fremder.

Sie sind schon wirklich ausgefahren.

Neoptolem.

Wie kams, daß nicht Ulysses sich erbot, diesen Zug mit zu machen? Fürchtet er sich etwa?

Fremder.

Als ich von Troja wegseegelte, war Ulysses mit Diomedes ausgefahren, um einen andern Fürsten aufzusuchen.

Neoptolem.

Und um wessen willen war er dann ausgefahren?

Fremder.

Er war —— (halb leise). Sage mir doch erst, wer dieser Mann da ist? Sage mir es leise.

Neoptolem.

Dieß ist der edle Philoctet.

Fremder.

So frage mich nichts weiter, und eile so schnell, als immer möglich, von dieser Insul hinweg.

Philoctet.

Was sagt der Fremde, lieber Neoptolem? Ich sehe euer Flüstern betrifft mich.

Neoptolem.

Ich verstehe nicht, was er spricht. Er mag es dir, er mag es vor uns allen laut sagen.

Fremder.

O Neoptolem, daß die Griechen ja nicht erfahren, daß ich dir das Geheimniß verrathen habe. Die Atriden sind immer meine gnädige Gönner gewesen. Ich möchte ihnen nicht gern üble Dienste leisten.

Neoptolem.

Und ich hasse die Atriden. Aber diesen Fürsten hier lieb ich, als meinen besten Freund; denn er haßt sie wie ich. Also verheimliche mir nichts, was du weißt, und was mir vortheilhaft seyn kann.

Fremder.

Ich bitte dich zu überlegen —

Neoptolem.

Ich habe überlegt.

Fremder.

Du allein hast dann an allem Schuld.

Neoptolem.

Woran?

Fremder.

Nun, ich will es sagen. Zwey Fürsten, Diomedes und der grosse Ulysses sind des Philoctetes wegen abgereiset. Sie schwuren, daß sie ihn mit Gewalt, wenn sie es durch Ueberredung nicht vermöchten, zum Heere zurückbringen wollten. Alle Griechen haben es gehört, als Ulysses schwur. Er war noch entschloßner und muthiger dazu, als Diomedes.

Neoptolem.

Was treibt die Griechen dann itzt diesen Fürsten wieder zu suchen, den sie ehemals selbst von sich gestossen haben? Warum verlangt ihnen itzt nach ihm? Wie doch die Rache der mächtigen Götter verübte Missethaten so spät straft!

Fremder.

Ich will dir es sagen. Denn bey deiner Abreise kannst du schwerlich davon gehört haben. Helenus, des Königs Priamus Sohn ist ein Seher der Zukunft. Der schlaue Ulysses, weil man allenthalben ihn schmähte und seiner spottete, streiffte einst des Nachts ganz allein umher, fieng den Helenus, brachte ihn gebunden, und prahlte vor allen Griechen mit seinem hohen Gefangenen. Der Seher aber weissagte ihnen; vor allen, daß Troja nicht eher besiegt werden könne, bis man Phi-

loctetes von einer wüsten Insul, die er itzt bewoh-
ne, zurückgebracht. Sogleich versprach Ulysses ihn
vor Troja zu bringen, entweder durch freundschaft-
liche Ueberredung oder durch Gewalt, und wenn
es ihm mislänge, möchte man seinen Kopf ihm in
den Sand hauen. Das ist alles was ich weiß.
Eile also so schnell von hier und nimm allenfalls
deinen edlen Freund mit.

Philoctet.

Hn, durfte der verruchte Ulysses mit Schwü-
ren geloben, mich zu den Griechen zu bringen?
Nun, wenn er mich dazu beredet, so will ich einst
auch, wie sein Ahnherr Sisyphus aus der Unterwelt an das Tageslicht zurückkehren.

Fremder.

Ueber das alles kann ich nichts sagen. Ich
eile zu meinem Schiffe. Mögen die Götter euch
alles Gute verleihen. (Er geht ab)

5.

Die Vorigen ohne den Fremden.

Philoctet.

Unerhört! unglaublich! Ulysses wagt es zu hoffen, daß er mich durch gleißnerisches Geschwätz nach Troja mit sich locken werde? Ehe wollte ich dem Ungeheuer folgen, welches meinen Fuß verwundete, als ihm. Rede er, versuche er alles! Gut daß ich weiß, warum er kommt! Aber Lieber, laß uns eilen, daß das weite Meer uns von ihm trenne, laß uns eilen! Wer zur rechten Zeit eilt, den lohnt nach vollbrachter Arbeit die Ruhe doppelt.

Neoptolem.

So bald als ein günstiger Wind sich erhebt, wollen wir wegeilen aus dieser Insul. Noch ist der Wind nicht gut.

Philoctet.

O jeder Wind ist gut, wenn man einem Bösewicht entflieht.

Neoptolem.

Bedenk, daß derselbe Wind auch Ulysses zuwider ist.

Philoctet.

Kein widriger Wind hält einen Schurken auf, wenn ihn Raub und Frevel locken.

Neoptolem.

Nun, wie du willst. Komm nur noch in deine Höhle, und nimm mit dir was du bedarfst, oder gern mitnähmst.

Philoctet.

Es ist nur wenig, das ich vermissen würde.

Neoptolem.

Auch findest du ja alles auf meinem Schiffe.

Philoctet.

Nur ein blutstillendes Kraut, das den Schmerz besänftigt.

Neoptolem.

So nimm es mit, und was du sonst noch wünschest.

Philoctet.

Ja daß nur nichts von meinem Bogen hier bleibe, daß davon nichts in fremde Hände gerathe.

Neoptolem.

Ist der, den du da trägst, der berühmte Bogen des —

Philoctet.

Der nemliche. Ich trage keinen andern.

Neoptolem.

Erlaubst du mir ihn zu besehen? Ich werde ihn mit der Ehrfurcht nehmen, als ob er eine Gottheit wäre. Erlaubst du mir?

Philoctet.

Nur dir, mein Freund. Dir dieß und alles, was du wünschest.

Neo-

Neoptolem.

So sehr ichs wünsche, doch nur wenn du es gern erlaubst.

Philoctet.

Du bist sehr bescheiden. Du darfst meinen Bogen nehmen, du, der mir das Leben, du, der mich meinem Vater, meinen Freunden wiedergiebt, du, der mich in mein Vaterland zurückführt, du, der mit der Hand der Freundschaft mich aufrichtet, da mich meine siegenden Feinde zu Boden geworfen. Du! fürchte nichts. Nimm diesen Bogen. Und wenn du mir ihn zurückgiebst, so rühme dich vor allen Sterblichen, daß Freundschaft dich allein würdig fand, ihn zu berühren. Freundschaft gab ihn mir einst zum Lohn, und er sey einst das Pfand, daß ich deine Freundschaft erkannt habe. (Neoptolem drückt leise den Wunsch aus, den Bogen zu behalten — zweifelt — erschrickt gleichsam vor sich selbst, und giebt ihn gerührt zurück.) Wer Wohlthaten fühlt, und Dank erzeigen kann, der ist ein Freund, der alle Güter übertrifft.

Neoptolem.

Komm nun zu deiner Höhle.

Philoctet.

Laß mich auf dich mich stützen. Du bist ja die Stütze meiner Krankheit! (Ab mit Neoptolem)

6.

Der Chor allein.

Zwey vom Chor.

Uns enthüllt die heilge Sage,
Was kein sterblich Auge sah:
Wie Ixion sich dem Bette
Jupiters im Frevel nahte,
Und die Rache ihn ergriff.
Rollend schleudert ihn im Kreise
Ewig rastlos jenes Rad.

Ach! in gleichem Elend schmachtet
Er, der keinen Frevel büsset,
Pöas' edelmüth'ger Sohn.
Ohne Trug war der Gerechte
Seine Hand und Seele rein.

Der ganze Chor.

Aber, wenn ihr um ihn weinet —
Dann bewundert auch den Helden,
Der, als alle Unglücks Wogen
Den verlaff'nen rings bestürmten,
Nimmer in die Tiefe sank.

Einer vom Chor.

Einsam, gegen keinen Sturm beschirmet
Irrt er wankend ohne Freund umher.
Um ihn war kein Freund ihm Trost zu geben,
Keiner seinen Schmerz mit ihm zu weinen,
Keiner seiner Wunde Blut zu stillen,
Wenn es heißaufsiedend sich ergoß

Keiner von der Mutter Erde
Ihm ein lindernd Kraut zu pflücken.

Ceres und Pomona's heilge Gaben
Und was sonst des Pflanzers Mühe lohnt,
War vom Schicksal ihm versagt.
Nur der beflügelte Pfeil
Hohlt' ihm ein kärgliches Mal
Aus den Lüften herab.

Ach! zehn lange Winter mißte
Er der Rebe Labetrank
Mühsam schöpft' er aus der Quelle
Lindrung seinem heissen Durst.

Der ganze Chor.

Doch sein Elend ist geendet!
Hülfe bringet ihm der Held.
Durch des Meeres Wogen furchet
Schon der schnelle Kiel und trägt
Ihn nach vielen langen Monden
In die väterliche Burg,

Wo in Spercheus Silberfluthen
Junger Nymphen Tanz beginnt;
Wo der Held der ehrnen Waffen
Von des Oeta hohem Gipfel
Aus der düstern Todes=Flamme
Zu den Göttern auf sich schwang.

7.

Philoctet, Neoptolem, (kommen aus der Höhle).

Der Chor.

Neoptolem.

Nun! Laß uns gehn, wenn es dir gefällig ist. — — Warum bist du auf einmal so still? Ich weiß nicht, du bist so ängstlich.

Philoctet (Heftigen Schmerz zurückhaltend).

O!

Neoptolem.

Was ist dir?

Philoctet.

Achte nicht darauf. Mein Lieber, laß uns gehn.

Neoptolem.

Ist es ein Anfall deiner Schmerzen, den du unterdrückst?

Philoctet.

O es ist nichts. Mir ist schon besser, (für sich) Ihr Götter!

Neoptolem.

Warum rufst du die Götter so ängstlich?

Philoctet.

Daß sie meiner Rettung gnädig seyn wollen. (für sich) O!

Neoptolem.

Was ist dir? Sag es doch, Sprich! dich quält sichtbar der Schmerz!

Philoctet.

O ihr Götter! Es ist um mich geschehn. Ich kann euch meinen Schmerz nicht verbergen. O, er durchschneidet mich. Ich Elender! Ich bin verlohren. Ihr werdet mich nicht mitnehmen wollen. O, der Schmerz zerreißt mich. O — Bey den Göttern beschwöre ich dich — Lieber, nimm ein Schwerdt. Hau den Fuß mir ab. Rette mich. Hau ihn ab. Schone selbst mein Leben nicht. O erbarme dich — erbarme dich.

Neoptolem.

Welch ein Schmerz, der dich so plötzlich ergreift — der dir dieß Aechzen abdringt!

Philoctet.

Du weißt ja.

Neoptolem.

Was denn?

Philoctet.

O weißt du nicht?

Neoptolem.

Was ist dir?

Philoctet.

O nichts.

Neoptolem.

Nichts?

Philoctet.

O! O! O!

Neoptolem.

Die Wuth deines Schmerzens muß entsetzlich seyn.

Philoctet.

O entsetzlich! unaussprechlich! Erbarme dich.

Neoptolem.

Was soll ich dir thun?

Philoctet.

Verlaß mich nicht. Werde meines Unglücks nicht überdrüssig. Es ergreifft mich so von Zeit zu Zeit. Aber, wenn es vorüber ist —. — O ihr Götter!

Neoptolem.

Armer Freund! Wie quält dich der Schmerz! Sollen wir dir irgend etwas thun? Sollen wir dich weg tragen?

Philoctet.

O nein. Aber nimm den Bogen, du wünschtest ihn ja. Bewahre ihn bis der Anfall vorüber ist. Am Ende des Schmerzens falle ich in einen Schlaf. Anders hört er nie auf. Dann müßt ihr mich ja ruhig schlafen lassen. —— Aber — sollten indeß die beyden Fürsten kommen — o bey den Göttern, so gieb ihn nicht weg, auf keine Weise, unter keinem Vorwand. Stürze mich nicht ganz ins Verderben, dich nicht mit mir.

Neoptolem.

Fürchte nichts. Kein Sterblicher soll ihn mit meinem Willen berühren, als du und ich. Gieb mir ihn ohne Sorge.

Philoctet.

Da! empfange ihn aus meiner Hand, und rufe die Göttin des Neides an, daß er dir nicht eine Quelle von Unglück werde, wie mir, wie Herkules, der ihn vor mir hatte.

Neoptolem.

(Für sich) Ihr Götter, ich habe ihn, welche Freude! Gebt uns eine glückliche Fahrt zu dem Ziel unsrer Reise, wohin ein Gott uns führt.

Philoctet.

O dein Gebet ist umsonst. Das Blut dringt aus der Wunde. Es quillt kochend aus der Tiefe auf. Nun kömmt das ärgste. O Götter! o mein Fuß! welch ein Schmerz! Er naht sich. Er verzehrt mich. O haltet ihn auf! — — (etwas ruhiger) Verlaßt mich nur nicht! Ha Ulysses, wenn der Schmerz deine Brust so umschlänge! O Götter wie leide ich! wie leide ich! Könige, Atriden, wenn er euch quälte, wie mich! und so lange wie mich — — — O Tod — o Tod, so oft von mir erfleht, wenn wirst du kommen! — — (plötzlich im heftigsten Anfall). Nimm das Feuer, das ich unter: hielt, und verbrenne mich damit. Thue es, edler Jüngling. Ich that dem Sohn des Jupiters in seinem Elend einst den nemlichen Dienst, und die: ser Bogen war mein Lohn. — Willst du? Rede. Du schweigst so erstaunt —

Neoptolem.

Ich fühle deinen Schmerz mit dir, und seufze.

Philoctet.

Sey nur geduldig, Lieber, der Schmerz er: greifft mich schnell durchdringend. Aber er endet auch bald. Nur verlaß mich nicht.

Neoptolem.

Fürchte nichts. Wir bleiben bey dir.

Philoctet.

Du bleibst?

Neoptolem.

Gewiß.

Philoctet.

Ich fordre keinen Eid darauf von dir.

Neoptolem.

Wie könnt ich ohne dich von hier gehn?

Philoctet.

Gieb mir deinen Handschlag.

Neoptolem.

Da nimm ihn.

Philoctet (plötzlich rasend).

Nicht da. — Nicht da.

Neoptolem.

Was willst du.

Philoctet.

Höher, höher!

Neoptolem.

Was siehst du nach dem Himmel hinauf?

Philoctet.

Laß mich, laß mich!

Neoptolem.

Ich dich lassen?

Philoctet.

Laß mich, laß mich.

Neoptolem.

Nie werd ich dich verlassen!

Philoctet.

Du tödtest mich mit deinem Umfassen.

Neoptolem.

Nun! ich lasse dich.   Wird dir besser?

Philoctet.

O Erde! nimm mich auf.   Ich sinke in den Tod.   O möchte ich nie zu diesem Elend wieder erwachen! (Er fällt nieder)

Neoptolem.

Bald wird der Schlaf ihn erquicken.   Er neigt schon sein Haupt.   Der Schweiß perlt von seiner Stirn.   Eine Ader am Fuße gießt schwarzes Blut aus.   Laßt ihn ruhen, Freunde, daß er sanft entschlummere!

Chor.

Sanfter Stiller jedes Schmerzens,
Süsser, sel'ger Ruhe König,
Holder Schlaf, o komm herab.

Gieß Erquickung auf ihn nieder,
Schließ des Schmerzens müde Augen
Vor dem Glanz des Lichtes zu.
Komm mit allem deinen Troste
Linder, holder Schlaf auf ihn.

Zweyte Handlung.

(Die Scene wie vorher).

I.

Philoctet, noch schlafend, **Neoptolem, der Chor.**

Einer vom Chor.

Nütze diesen Augenblick;
Denk an deine grossen Zwecke.
Gegenwart und Zukunft ladet
Dich zur schnellsten Eile ein.
Dir winkt die Gelegenheit,
Sie ist mehr als Weisheit werth.

Neop=

Neoptolem.

Er schläft noch, hört von allem noch kein Wort.
Doch fürcht' ich, ohne ihn ist uns der Bogen,
Ist unsre Reise ohne Nutzen.
Ihm nur gebührt der Ruhm; nur ihn zu hohlen
Befahl ein Gott — den Bogen hier
Durch niedrigen Verrath geraubt zu haben —
Und denn umsonst geraubt zu haben —
Das wäre zwiefach bittre Schande.

Einer vom Chor.

Laß dafür die Götter sorgen.
Sag' uns deinen Willen nur.

Ein anderer vom Chor (leise den andern winkend).

Leicht entflieht der Schlaf des Kranken
Und ein Lichtstrahl scheucht ihn weg.

Ein dritter vom Chor.

Denk, wie er — damit sein Name
Ihn nicht wecke, wag' ich nicht

E.

Ihn zu nennen — wie er leidet! —
Trägt dein Herz den Anblick wohl?

Der erste und zweyte vom Chor.

Günstig schwellt der Wind die Seegel! —

Der dritte vom Chor.

Schlummernd liegt der Arme hier!

Alle drey.

Nacht umhüllt des Müden Augen
Gleich dem Tode hat der Schlaf
Alle seine Kraft gefesselt
Und er sieht, er hört uns nicht!

Chor.

Drum ergreiffe ihn zu fangen
Eilend die Gelegenheit.
Weise ists, den Kampf beginnen
Wenn er nicht Gefahren droht.

Neoptolem.

Seyd nur still und ruhig. Er öffnet schon sein Auge. Er hebt sein Haupt empor.

Philoctet.

O! — Ha. Diese Treue, die meine Hoffnung übertrifft, gleicht dem freundlichen Licht, das ich nach dem Schlummer wieder grüsse. Das durfte ich nicht hoffen, daß du so standhaft in meiner Noth bey mir ausdauren, daß du mich wirklich nicht verlassen würdest. Jene edlen Führer des Heeres, jene Atriden handelten anders. O du bist wie dein Vater wirklich edel und gut. — Du wurdest also meines Klaggeschreyes nicht überdrüßig, und des Ekels, den meine Krankheit um sich her verbreitet? — (Er bietet ihm die Hand) — — Itzt hoffe ich einige Ruhe von meinem Schmerz. Hilf mir auf, und wenn ich mich von meiner Mattigkeit etwas erhohlt habe, laß uns an Bord gehen und abreisen.

Neoptolem.

Ich freue mich herzlich dich wieder athmend und frey vom Schmerz zu sehen. Wir verzweifelten an deinem Leben und hielten dich für todt, als du deinem Schmerz unterlageſt. Komm. Auch können ja dieſe Männer dich zum Schiffe tragen. Sie thun das uns beyden gern zu Gefallen.

Philoctet.

Ich danke euch. Hilf mir nur auf. Dieſe guten Leute werden ohnehin früh genug mit mir gequält werden. Es wird ihnen ſchon Laſt genug ſeyn, mich bey ſich im Schiffe zu haben.

Neoptolem.

Nun — ſteh auf! Aber wirſt du dich auch aufrecht erhalten können?

Philoctet.

Beſorge nichts — daß es mir ein wenig ſauer werde, bin ich ſchon gewohnt.

Neoptolem (bey Seite).

Ihr Götter, enträthselt mir, was ich itzt thun soll.

Philoctet.

Was sagst du, mein Lieber? Was meinst du?

Neoptolem.

Es ist zu viel! Wie reiß ich mich aus dieser ängstlichen Verlegenheit?

Philoctet.

Du bist in Verlegenheit? Ich hoffe nicht!

Neoptolem.

Doch, doch, in der ängstlichsten Verlegenheit.

Philoctet.

Macht etwa meine Krankheit dir eine Schwierigkeit, die dich abschreckte mich mit zu nehmen?

Neoptolem.

O! es sind allenthalben Schwierigkeiten und Gefahren, wenn man ausser seinem Character handeln soll, wenn man etwas thun soll, das wider unser Herz ist.

Philoctet.

Aber ist denn das wider deinen, oder deines Vaters Character, einem schuldlosen Mann mit Trost und That zu helfen?

Neoptolem.

Am Ende als ein Niederträchtiger dazustehn, das quält mich.

Philoctet.

Wahrlich! nicht deine Thaten, aber deine Worte erschrecken mich.

Neoptolem.

O Jupiter, was soll ich thun? Noch eine schlechte Handlung begehn? Verhehlen, was ich nicht verhehlen soll? Oder gestehen, was mich ewig brandmarkt?

Philoctet.

Ach, du willst mir dein Wort nicht halten, ich verstehe dich, du willst mich hier zurücklassen und ohne mich wegseegeln.

Neoptolem.

Nein, zurücklassen will ich dich nicht. Das quält mich nicht. — — — Aber ich fürchte — — du wirst mir es nicht danken, daß ich dich mitnehme.

Philoctet.

Was meinest du? Erkläre dich mir!

Neoptolem.

Es muß heraus. Hin nach Troja sollst du, hin zu den Griechen, hin zu den Atriden.

Philoctet.

Wie?

Neoptolem.

Keine Vorwürfe, ehe du alles weißt.

Philoctet.

Was sagst du, was willst du aus mir machen?

Neoptolem.

Erst dich von hier aus diesem Elend retten, und denn mit dir Troja zerstören.

Philoctet.

Scherze nicht mit mir. Das wäre dein Ernst?

Neoptolem.

Das Schicksal zwingt mich. Philoctet, zürne mir nicht.

Philoctet.

O — es ist um mich geschehen. Ich bin verrathen. Fremdling — Du? ——— Gieb mir meinen Bogen wieder.

Neoptolem.

Das darf ich nicht. Meine Pflicht und mein eignes Glück befehlen mir Gehorsam gegen die Heerführer.

Philoctet.

Schrecklich! Abscheulich! Welche schändliche, schleichende List! Und du thust das? Du täuschtest mich? Konntest du meinen Blick ertragen, als ich flehend vor deinen Füßen lag? Du raubst mir das Leben mit meinem Bogen. Gieb mir meinen Bogen wieder. Ich bitte dich bey den Göttern unsrer Väter! Raube mir das Leben nicht. Gieb mir meinen Bogen wieder! — — — Er schweigt — er antwortet mir nicht einmal. Sieh mich hier, sieh mich an, nur mit einem Blicke, mit einem Blick auch, der meine Bitte versagt. Sieh mich an! — Hört mich, ihr Ufer des Meeres, hört mich, ihr Felsen, und ihr wilde Bewohner dieser Berge, bey denen ich so lange lebte, ich habe niemand als euch, zu klagen, was mir Achillens entarteter Sohn gethan hat. Euch will ich meine Trauer ausschütten, die ihr oft meine Klagen hörtet, und Mitleid mit mir hattet — — — Er schwört mir, mich nach Hause zu führen, und bringt mich nach Troja. Mit dem Handschlage der Treue stahl er mir den Bogen des heiligen Sohnes Jupiters! Da will er vor den Griechen mich hinstellen, als eine Beute, als hätte er in seiner Kraft einen Helden besiegt, und es ist nur ein Schatten vom Rauch, ein leeres Luftbild, ein Halbtodter, den er besiegte. Und doch hätte er es nicht vermocht, wäre ich in meiner Kraft gewesen; selbst so nur durch eine niedrige trügrische List. — — Was soll ich itzt beginnen? O gieb mir meinen Bogen wieder. Sey noch einmal du selbst! — — Du schweigst? Meine Hoffnung ist hin! Meine Felsenhöhle allein, öffnet mir ihren zwiefachen Schooß. Ich komme zu dir, nun ganz arm, und auch des beraubt, der mein Leben erhielt. Einsam in dir werde ich sterben. Mein Bogen kann kein Geflügel, kein Wild mehr erlegen. Meine Leiche wird bald die Thiere nähren, die mich bisher ernährten. Sie werden sich rächen an den, der sie tödtete. Mit meinem Tode werde ich den ihrigen büssen. — Noch fluche ich dir nicht. Noch hoffe ich, daß du dein Vorhaben änderst. — — — Thust du es nicht — o so erwarte ein schreckliches Ende.

Einer vom Chor.

Was befiehlst du, Fürst? Sollen wir wegsseegeln oder willst du seine Bitte erfüllen?

Neoptolem.

Ach schon lange quält mich traurendes Mitleiden mit ihm.

Philoctet.

Um der Götter willen habe Mitleiden mit mir. Schände die Ehre deines Namens nicht durch einen so schändlichen Betrug.

Neoptolem.

Was soll ich, Unglücklicher! O hätte ich nie Scyros verlassen! Ich wäre dann nicht in dieser Verlegenheit.

Philoctet.

Du selbst bist nicht böse. Böse Menschen haben dich nur zu bösen Thaten beredet. Folge dem Rath beßrer. Gieb mir meinen Bogen wieder, und laß mich denn auf dieser Insel zurück.

Neoptolem.

Rathet mir, meine Freunde, redet, was soll ich thun?

2.

Ulysses, die Vorigen.

Ulysses.

Was zauderst du, Weichling, daß du nicht kömmst und mir den Bogen bringst?

Philoctet.

Ha! höre ich Ulyssens Stimme?

Ulysses.

Ja, du hörst seine Stimme, und hier ist er selbst.

Philoctet.

O, ich bin verrathen und verlohren. Der war es, der mich betrog und meinen Bogen raubte.

Ulysses.

Ulysses war es. Ja: Ich läugne es nicht.

Philoctet.

Gieb mir meinen Bogen, o Neoptolem! gieb mir meinen Bogen wieder.

Ulysses.

Wenn er das auch wollte, so würde ich das nicht leiden. Und mit dem Bogen, mußt du selber mit. Oder wir werden dich dazu zu zwingen wissen.

Philoctet.

Mich zwingen? mir Gewalt drohen? Unverschämter Bösewicht —

Ulysses.

Wir werden dich zwingen, wenn du nicht in Güte kömmst.

Philoctet.

Allmächtige Gottheit dieser Insul! Er soll mit Gewalt dem Gebiete deiner Herrschaft mich entreissen?

Ulysses.

Jupiter ist es, der Herr der Erde, der dieß will. Ich bin nur der Diener seines Willens.

Philoctet.

Erkühnst du dich, Verruchter, die Götter deiner Lügen zu zeihen?

Ulysses.

Nein. Sie sind wahrhaftig. Darum mußt du mit.

Philoctet.

Das will ich nicht.

Ulysses.

Ich will es. Du sollst mir folgen.

Philoctet.

Hat mich mein Vater zum Sclaven erzeugt? Bin ich nicht ein freyer Mann?

Ulysses.

Du sollst auch kein Sclave seyn, sondern den übrigen Fürsten Griechenlands gleich mit ihnen Troja erobern.

Philoctet.

Eher soll das ärgste mich treffen, und bliebe mir auch meine Höhle nur allein.

Neoptolem.

Was willst du machen.

Philoctet.

Von jenen Felsen mich herabstürzen und mich zertrümmern.

Ulysses.

Damit er es bleiben lasse, greift ihn und bindet ihn.

(Sie binden ihn).

Philoctet.

O der Schmach! Ihr bändet meine Hand nicht, wenn sie den Bogen noch führte, den du mir gestohlen, feiger Verräther. Du nur hast mich betrogen, hast hinter diesen Jüngling, der mir fremd war, dich feigherzig versteckt. Du warst seiner nicht werth. Er war redlich, wie ich. Er spielte eine fremde Rolle. Sieh wie sein Vergehn, wie mein Unglück ihn quält. Du dessen Ränke

Ränke im Finstern schleichen, hast ihn wider sein Herz zu deinen Missethaten verführt. — Itzt willst du mich gebunden aus dieser Insul reissen, wo du mich einst schändlich verliessest, wo du zwischen Leben und Tod mich aussetztest? Verderben über dich! daß die Götter mich hörten! Du lebtest in Freuden, als ich im Elend schmachtete, und lachtest meiner mit den Atriden. Als ihr Sclave thust du das, um gnädige Herren an denen zu haben, die dich mit List und Gewalt nach Troja zwangen. Mich, der ich freywillig mit sieben gerüsteten Schiffen sie begleitete, mich verschmähten, mich verbannten die Ehrlosen, und dann schob einer die Schuld dem andern zu. Was reißt Ihr mich itzo weg? Ich bin ein Nichts, bin für euch lange schon todt. Fühlst du itzt nicht, daß meine Krankheit beschwerlich sey? Wie wirst du mit mir auf einem Schiffe Brandopfer oder Speiseopfer den Göttern in Ruhe bringen? Das war ja der Vorwand mich vom Heere zu entfernen. Verder-

F

ben über Euch, über Euch alle, Frevler, die Ihr
mich verfolgt! Wenn die Götter noch Rächer der
Ungerechtigkeit sind — und ha! sie sind es ja! —
Ihr wärt wahrlich nicht um eines Unglücklichen
willen über das Meer hierher gefahren, wenn nicht
die Rache der Götter euch triebe. O meines Vater-
landes schützende Götter! die ihr seht was auf Er-
den geschieht, erbarmt euch meiner und rächt mich.
Mein Leben ist voll Elend; aber sähe ich das rä-
chende Verderben meine Feinde treffen — o, meine Krankheit wäre geheilt!

Einer vom Chor.

Ein unbiegsamer Mann, Ulysses, Er redet
trotzig, Er erliegt seinem Unglück nicht.

Ulysses.

Ich könnte viel auf das Geschwätz antworten.
Aber nur das: wo es List gilt, da gebrauche ich der
List. Mit edlen und billigen Menschen, ist nie-
mand wahrhaftiger als ich. Doch — ob ich gleich

allenthalben mein Ziel zu erreichen trachte, so will ich es doch dießmal aufgeben. Ich gebe dir nach. Laßt ihn los, befreyt ihn. (dieß geschieht) Mag er hier bleiben, wenn er es will. Wir bedürfen seiner nicht. Wir haben ja seinen Bogen. Teucer weiß auch Bogen zu spannen, auch weiß ich es, und glaube ihn nicht schlechter zu führen als du. Wir können deiner entbehren. Hause du hier auf Lemnos, wenn du willst. Wir gehen, und dein Bogen wird mir die Ehre geben, die die Götter dir bestimmten.

Philoctet.

Ha! Ulysses vor den Griechen mit meinen Waffen geschmückt! — —

Ulysses.

Schweig itzt. Laßt uns gehn.

Philoctet.

O Sohn des Achilles, nicht einmal ein Wort mir zum Abschiede?

Ulysses.

Komm, und sieh dich nicht so mitleidsvoll um, damit du mir nicht alles wieder verdirbst.

Philoctet.

Auch Ihr, meine Freunde, laßt mich allein. Habet Mitleiden.

Einer vom Chor.

Sieh unsern Fürsten, lieber Herr. Wir müssen seinem Befehl folgen.

Neoptolem.

Mag Ulysses mich auch einen Weichling nennen. — Bleibt bey ihm, weil er es wünscht, bis das Schiff reisefertig ist, und wir geopfert haben. Vielleicht beredet ihr ihn noch. Wir gehn, und folgt uns schnell, wenn wir euch rufen. (Mit Ulysses ab).

3.

Philoctet — Der Chor.

Philoctet.

Du, o die allein mir Armen
Schirm und Kühlung labend gab,
Du gewölbte Felse Grotte
Ewig soll ich in dir trauren
Du im Tode mich noch sehn.

Einz'ge Zeugin meiner Leiden,
Grössre klag' ich itzo dir
Wer wird itzt mir Nahrung geben?
Wer erhält mein armes Leben?
Welche Hoffnung bleibt mir noch?

Risse der tobende Sturm,
Rissen gierige Adler
Mich aus dem Daseyn hinweg,
Das ich länger nicht trage.

Chor.

O du selber rufst dem Elend,
Armer du, nur du allein.
Klage nicht der Menschen Härte
Sieh dir winkt das beßre Schicksal
Du erwählst das schlimmre selbst.

Philoctet.

Auf den Unglücksmüden harret
Neues, größres Elend nun.
Fern von Menschen werd' ich weinen,
Einsam in die Zukunft blicken,
Schmachten, sinken und vergehn.

Aus den Wolken schnellt mein Bogen,
Keine Nahrung mir herab.
Meiner Hand ist er entwunden.
Als ich truglos ihnen traute,
Raubt' ihn schleichender Betrug.

 Wälze strafende Rache,
 Wälze alle dieß Unglück
 Auf die Verräther herab.

Chor.

Rein ist unsre Hand vom Truge
Nur das Schicksal klage an.
Mögen die gerechten Flüche
Nur die Harten, die dich täuschten,
Nicht uns, deine Freunde, treffen.
Stoß nicht unsre Hand zurück.

Philoctet.

Ha! er spottet giftig meiner,
Lachet meines Unglücks itzt.
An des grauen Meeres Ufer
Schwingt er im Triumph den Bogen,
Den kein Frevler noch entweihte, —
Der mein Leben mir erhielt.

O mein Bogen, mir entrissen,
Traure, wenn du fühlen kannst.
Dich gab Herkules der Treue
Seines Freundes einst zum Lohn — —

Ha! dich führen andre Hände,
Hände die Betrug befleckt,
Er, des Bösewichtes Enkel,
Er, Ulysses der Verruchte,
Der ins Elend mich gestürzt.

Chor.

Kränke nicht den Ruhm des Helden;
Schmähe seine Klugheit nicht.
Er, vor allen, ward gesendet
Er, der Griechen Heer zu retten,
Durch die nie erschöpfte List.

Philoctet.

Du Gefieder dieses Haynes,
Ihr, o Hirsche dieses Waldes,
Flieht nicht meine Höhle mehr.
Meine Pfeile sind dahin.

In der Wohnung meines Grames
Lauscht nicht mehr der Tod auf euch,

Kommt herbey, mir zu vergelten,
Sättigt euch mit meinem Fleische,
Bald, bald lieg' ich hier erstarrt.

Denn die Lüfte geben ferner
Mir nicht ihr Geflügel mehr,
Alles was die Mutter Erde
Darbeut, ist mir nun versagt.

Chor.

Wir beschwören bey den Göttern
Allen, armer Dulder, dich —
Nah' dich, traue unsern Herzen.
Sieh! du kannst ja deinem Elend,
Wenn du selbst nur willst, entrinnen.
Thorheit wählt ihr Unglück selbst.

Philoctet.

Ruft mir itzt doch, liebe Freunde,
Nicht den alten Schmerz zurück!

Einer vom Chor.

Wir dir deinen Schmerz erneuen?

Philoctet.

Im Gedanken schon: vor Troja
Mit den Griechen zu erscheinen,
Liegt mir siebenfacher Tod.

Einer vom Chor.

Eine gute Gottheit rufet
Dich zu deinem Glück dahin.

Philoctet.

Lieber elend hier verschmachten!

Ein andrer vom Chor.

Magst du dann! — Es ist dein Wille.
Kommt, wir gehn. Er will es so.

Philoctet.

O bey Jupiter, dem Rächer
Eilet, Freunde nicht von mir.

Chor.

Lebe wohl.

Philoctet.

Bey den Göttern, Freunde, bleibet.

Chor.

Lebe wohl, o lebe wohl. (Gehn ab)

Philoctet.

Ha! nun bin sich ganz verlohren!
Länger trag' ich nicht mein Elend — — —
Kehret, Freunde, kehrt zurück!

Chor. (Kommen wieder)

Warum rufst du uns vergebens,
Wenn du nicht dein Wiederstreben,
Unbiegsamer, enden willst?

Philoctet.

O vergebt mir, was im Sturme
Meiner Leiden mir entfallen.

Chor.

Nun so folge endlich uns.

Philoctet.

Nimmer, nimmer! Mag der Donner
Jupiters in seinem Grimme
Mich zerschmettern! Nimmer, nimmer!
Möge Trojas Mauer fallen,
Mit ihr fallen die Verräther.
Die es itzt umlagern — alle! — —
Hört nur Eine Bitte noch!

Chor.

Sprich und fordre —

Philoctet.

Freunde, sendet.
Mir ein Schwerdt, ein Beil hierher.

Chor.

Und was würde dir es frommen?

Philoctet.

O dieß Leben zu zerschmettern,
Dieses Herz hier zu durchbohren,
Das nur Tod, nur Tod verlangt.
Würd' ich meinen Vater finden! — — —

Chor.

Wo?

Philoctet.

Dort, in dem sel'gen Dunkel!
Ihn quält dieses Licht nicht mehr.
Dort nur ist mein Vaterland,
Seit ich, o mir zum Verderben,
Und zur Hülfe meinen Feinden —
Meines Vaters Burg verließ. (Er geht in seine Höhle)

4.

Neoptolem, Ulysses, die Vorigen.

Einer vom Chor.

Ich wäre wahrlich schon längst nach dem Schiffe gegangen, wenn ich nicht dort Ulysses, und den Sohn Achillens, eilend zu uns her kommen sähe.

Ulysses.

Nun so sag doch wenigstens, was dich hierher so schnell zurücktreibt.

Neoptolem.

Mein Verbrechen gut zu machen.

Ulysses.

Welches Verbrechen? Ich bin erstaunt!

Neoptolem.

Dir und den Heerführern gefolgt zu seyn.

Ulysses.

Was hast du damit Arges gethan?

Neoptolem.

Ich habe durch schändliche List einen Mann betrogen.

Ulysses.

Was willst du? Welche Tollheit hast du vor?

Neoptolem.

Keine Tollheit. Ich will nur dem Phi­loctet —

Ulysses.

Was willst du? — Götter, was?

Neoptolem.

Den Bogen, den ich ihm schändlich gestoh­len —

Ulysses.

Was? — Was? Doch nicht zurückgeben?

Neoptolem.

Ich habe ihn schändlich gestohlen, sage ich. Ich darf ihn nicht —

Ulysses.

Spottest du meiner?

Neoptolem.

Wenn Wahrheit sagen, deiner spotten heißt.

Ulysses.

Bey den Göttern, Neoptolem, was willst du machen?

Neoptolem.

Soll ich dir es zehnmal sagen?

Ulysses.

Ich wollte, ich hätte es das erste Mal nicht gehört.

Neoptolem.

Nun, so zweifle nicht mehr daran.

Ulys=

Ulysses.

Ha, noch ist jemand, der dir es wehren wird.

Neoptolem.

Wer ist das? Ich bitte dich, guter Freund, nenne mir doch den.

Ulysses.

Im Namen des ganzen griechischen Heeres, ich, Ulysses.

Neoptolem.

Man nennt dich sonst den klugen Ulysses. Itzt warst du der kluge Ulysses nicht.

Ulysses.

Du redest und handelst unbesonnen, Neoptolem.

Neoptolem.

Gerechtigkeit ist besser, als eure Besonnenheit.

Ulysses.

Ist es gerecht, das weg zu geben, was du nur durch meinen Rath hast?

Neoptolem.

Ich habe schändlich an ihm gehandelt. Ich will sehen, ob ich mein Verbrechen aussöhnen kann.

Ulysses.

Fürchtest du nicht das Heer der Griechen.

Neoptolem.

Wenn ich als ein rechtschaffner Mann handle, so fürchte ich niemand, am wenigsten dich und deine Drohungen.

Ulysses.

Also nicht mehr mit den Trojanern, sondern mit dir haben wirs zu thun.

Neoptolem.

Nun, so komm, wenn du Lust dazu hast. Hier ist mein Schwerdt.

Ulysses.

Und hier das Meinige, — doch nein! Beym Heere werde ich es melden, wenn ich zurück komme; das mag dich strafen. (Geht ab)

Neoptolem.

Da bist du wieder ganz der kluge Ulysses. Wenn du immer so vorsichtig bist, so wirst du unversehrt durch das Leben kommen. (Er geht in Höhle)

5.

Neoptolem, der Chor, hernach Philoctet und Ulysses.

Neoptolem.

O Philoctet — Sohn des Pöas — komm aus deiner Grotte, und höre mich.

Philoctet (von innen)

Was rufst du — was willst du noch von mir? Mir noch grösseres Unglück bringen.

Neoptolem.

Fürchte nichts, höre mich nur an.

Philoctet.

Daß ich Thor deine glatten Worte hörte und glaubte.

Neoptolem.

Komm und sieh meine redliche Aendrung.

Philoctet.

Mit eben diesem Ton der Redlichkeit und Freundschaft, stahlst du meinen Bogen.

Neoptolem.

Ich rede wahr und redlich. Ich komme noch einmal dich zu fragen: Willst du nicht mit uns gehn?

Philoctet.

Fort, und rede nicht. Du sprichst umsonst.

Neoptolem.

Du bleibst fest entschlossen?

Philoctet.

Fest! Wozu noch mehr Worte.

Neoptolem.

Wie sehr wünschte ich dich bereden zu können. Doch wenn es umsonst ist — so sage ich nichts weiter.

Philoctet.

Umsonst ist alles. Dir sollte ich Liebe und Zutrauen wieder geben, dir, der mit so elender List mich beraubte, und itzt mit eben der Gleisnerey mich bereden will? O dein Vater war ein edler Man. Du bist ein Verräther. Verderben über die Atriden, über Ulysses, über dich.

Neoptolem.

O fluche mir nicht! Empfange aus meiner Hand den Bogen zurück, den du mir anvertrautest.

Philoctet.

Wenn du wahr redetest.

Neoptolem.

Da, reich mir deine Hand wenigstens heraus, und nimm ihn.

(Philoctet kömmt hervor. Neoptolem reicht ihm den Bogen. Ulysses hindert es, indem er plötzlich hervorspringt).

Ulysses.

Und ich verbiete es im Namen aller Götter von wegen der Atriden und des ganzen Heeres.

Philoctet.

Wer? Ulysses wieder?

Ulysses.

Ich! Kennst du mich? Du sollst mir dennoch nach Troja, auch wider Neoptolems Willen.
(Während dieser Rede hat Philoctet den Bogen, des Widerstrebens des Ulysses ungeachtet, wieder erhalten)

Philoctet.

Wenn mein Bogen noch trifft, so sollst du —

Neoptolem. (ihn zurückhaltend)

Um der Götter willen nicht —

Philoctet.

Laß mir meine Hand frey, lieber Neoptolem.

Neoptolem.

Nein, nicht das, nicht das —

Philoctet.

Wehre mir nicht die Rache an meinem Feinde.

Neoptolem.

Es brächt uns ja beyden keine Ehre (Ulysses entfernt sich)

Philoctet.

Sieh! Eure Heerführer sind leere Prahler. Feig, wo es gilt — aber tapfer und trotzig im Schwatzen.

Neoptolem.

Nun — du hast deinen Bogen wieder. Bist du mit mir nun wieder ausgesöhnt?

Philoctet.

Ja, Lieber, Bester. Du bist wahrlich deines edlen Vaters Sohn; nicht Sisyphus Enkel, sondern der Sohn Achillens. Ach er war der Edelste aller Menschen in seinem Leben, ist der Edelste aller Todten nach seinem Tode.

Neoptolem.

Wenn du denn ein Freund meines Vaters bist — so höre auch eine Bitte von mir. Jeder

Sterbliche muß die Uebel tragen, die die Götter ihm zusenden. Aber, wer eigenwillig, wie du, selbst im Unglück bleibt, wahrlich der verdient weder Mitleiden noch Verzeihung. Deine Erbitterung verwirft jeden Rath und die Ermahnung der Freundschaft als Worte eines Feindes. Aber ich will in dein Herz reden, und Jupiter sey mein Zeuge. Die Götter verhängten deine Krankheit über dich, als du der Schlange dich nahtest, welche den Tempel Chrysens verborgen bewachte. O die Sonne wird ehe im Westen aufsteigen und in Osten niedersinken, ehe du geheilt wirst. Nur vor Troja werden die Söhne Aesculaps dich heilen, und dein Bogen Troja mit mir stürzen. So offenbarte uns Helenus die Zukunft, der königliche Seher. Wir haben ihn gefangen. Nach diesem Sommer solle Troja fallen, sprach er und forderte seinen Tod, wenn er die Unwahrheit geredet hätte. Gieb uns also nach. Welch eine Zukunft für dich, als der erste aller Griechen zu glänzen, geheilt von deinem Schmerz Troja zu erobern und den höchsten Ruhm vor allen Sterblichen zu erreichen!

Philoctet.

O daß mein Leben mich an das verhaßte Licht dieser Welt noch fesselt! Daß ich nicht in die Gefilde der Ruhe dort unten hinabsinke! — Ich sollte wohl deiner Freundschaft folgen. Aber wie kann ich denn bey Licht in das Auge eines Menschen sehen? Und ihr rollende Sphären des Himmels, wie könnte ich euren Anblick ertragen, wenn Ihr mich bey den ungerechten Atriden, bey dem verworfenen Ulysses sähet! Nicht das Vergangene hält mich zurück. Aber ich fürchte die Zukunft, ihre stete Ungerechtigkeit, die mich quälen wird. Wem die Bosheit aus dem Herzen quillt, der rastet nie von Verbrechen. Und du? Du solltest selbst mir wehren, wenn ich nach Troja gehen wollte. Haben die Atriden nicht dich beschimpft, nicht dich der Waffen deines Vaters beraubt, nicht den armen Ajax in jenem Gericht, dem Ulysses nachgesetzt? Und du willst ihnen zu Hülfe ziehen, mich dazu bereden? Erfülle mir dein Wort, bringe mich in mein Vaterland, bleibe du in deinem Scyros. Laß die Verräther dem schmählichsten Tode zum Raube. Ich, die Welt, die Manen deines Vaters werden dir es danken. Setzest du, wenn du ihnen hilfst, dich nicht zu ihnen herab?

Neoptolem.

Es ist wahr, was du sagst. Doch wünschte ich, du trautest den Göttern und mir, und verliessest mit uns diese Einöde.

Philoctet.

Mit diesem Fusse ich nach Troja? Zu den Atriden ich?

Neoptolem.

Zu denen, die dich von deiner Krankheit heilen werden, sollst du gehn.

Philoctet.

Was forderst du von mir

Neoptolem.

Dein und mein Glück.

Philoctet.

Scheue dich vor den Göttern, und rede nicht so.

Neoptolem.

Mich scheuen, wenn ich zum Glück eines Freundes rede?

Philoctet.

Zu meinem, oder zu der Atriden Glück?

Neoptolem.

Ich bin dein Freund.

Philoctet.

Und willst mich in die Hände meiner Feinde liefern?

Neoptolem.

Lieber, laß doch dein Unglück dich sanft machen.

Philoctet.

Du willst mich tödten, sehe ich.

Neoptolem. (für sich)

Nein. Alles was ich sage ist umsonst.

Philoctet.

Kann ich vergessen, daß die Atriden mich treulos verliessen?

Neoptolem.

Sie bieten dir aber itzt die Hand wieder, dir zu helfen.

Philoctet.

Nie, nie will ich Troja sehen.

Neoptolem.

Ich kann dich nicht überreden. Ich schweige also. Aber denk an dein elendes Leben hier! Willst du so fort leben?

Philoctet.

Erfülle mir dein Wort, das mir dein Handschlag schwur. Führe mich in mein Vaterland. Erfülle mir dein Wort. Vergiß Troja — o ich habe Troja lange beweinen müssen!

Neoptolem.

Nun denn, ich will — kommen.

Philoctet. (ihn umarmend)

Edler Freund!

Neoptolem.

Kannst du mit deinem Fuße gehen?

Philoctet.

Ich werde es können.

Neoptolem.

Aber wenn sich die Griechen an mir rächen?

Philoctet.

Sey unbesorgt.

Neoptolem.

Wenn sie mein Land verheeren?

Philoctet.

Dann eile ich dir zur Hülfe, und treibe sie mit den Pfeilen des Hercules hinweg.

Neoptolem.

Nun, so grüsse diese Insul zum letzten Male, und laß uns gehen.

G.

6.

Hercules auf einer glänzenden Wolke, die Vorigen.

Hercules.

Verzeuch! und höre meine Worte,
O du mein Freund bis in den Tod!
Für dich entschwebe ich dem Himmel —
Erzittre nicht! ich bin es; Hercules.
Vernimm von mir der Götter Willen.
Verehre Jupiters Gebot.
Zeuch hin nach Troja! Deine Schmerzen
Heilt Aesculapens Hand dir dort.
Durch namenloses Unglück bahnte
Ich mir den Weg zum Götterthum;
Auch dich erwartet nach den Leiden,
Die dich bewähren, Glanz und Ruhm.
Dort, sollst du an des Heeres Spitze
Den räuberischen Paris fällen,
Und stürzen Troja's stolzen Thron

Dann sende deine erste Beute
Zum Oeta deinem Vater hin.
Und was die Fürsten dir verehren,
Das bringe mir an meinem Grabe
Zum Denkmal meines Bogens dar.

Auch dir, Achilles Sohn, bestimmte
Der Rath der Götter gleichen Ruhm.
Zieht hin dann, gleich zwey jungen Löwen,
Und kämpft in ungetrennter Treue
Und stürzt das hohe Ilion.
Doch wenn Ihr euch des Siegs erfreut,
Dann ehrt der Götter heilge Tempel,
Verschont sie in der Wuth der Flamme,
Und bringt den Göttern Euren Dank.

Denn die Mutter jeder Tugend
Ist die holde Frömmigkeit;
Sie, die selbst der raschen Jugend
Lächelnd Ernst der Weisheit leiht,
Stark, im Kampfe für dich streitet

Mit Versuchung und Geschick;
Sanft zur Ewigkeit dich leitet
Durch den letzten Augenblick.

Philoctet.

Ha! hab' ich deine Stimme
Gehört? Erscheinst du mir in meiner Noth? —
Gehorchen werd' ich deinem Willen.

Hercules.

Eilt'. Günstig ladet euch
Der Wind zur Fahrt.

(Er verschwindet. Alle fallen anbetend hin).

Philoctet. (sich erhebend)

Lebe wohl dann, gute Insul,
Lebe wohl, du Felsengrotte,
Die so wirthlich meiner pflegte.
Ihr! o Nymphen, dieser Fluren
Ihr, o Nymphen, dieser Bäche.
Ewig, ewig lebet wohl!

Oft, vom Meer umspühlten Felsen,
Wenn der Sturm die Wellen thürmte;
Hat die Brandung mich benetzt.
Jenes Vorgebirge sandte,
Viele Seufzer mir zurück.
Diese Quelle — ewig scheide
Ich, Erhalterin, von dir.
Scheide wirklich — durft' ichs hoffen?
Kann ichs fassen? — schon von dir.

Wehet sanft, ihr Winde, leitet
Mich, wohin das Schicksal winket,
Meiner Freunde Rath mich führet,
Und des Gottes hoher Ruf.

Chor.

Auf! wir seegeln nun von hinnen,
Leitet über eure Meere,
Nymphen, gnädig uns zurück.